今さら聞けない！
特別支援教育Q&A

青山 新吾 編著

明治図書

まえがき

　特別支援教育が法制化されてから7年が経ちました。特別支援教育に関する各種研修会もあちこちで多数開催され，書店では，関連書籍が山積みです。

　これだけ情報が溢れているにもかかわらず，学校現場ではかなりの混乱が続いているように感じます。

　「個別の指導計画は，何のために作るの？」

　「ケース会議より，子どもを落ち着かせる方法を教えてくれたらいいのにね。」

　「授業をユニバーサルデザイン化したら，すべての子どもが分かるようになるんだって。」

　「特別支援学級って何をしてもいいんでしょ。」

　「医師の診断がないから，学校では何も教育できないでしょう。」　等々。

　これらのことばは，私が実際に耳にしたり目にしたりしたもののほんの一握りです。私には，これらのことばが，学校現場の多忙化が進む中での先生方の率直かつ混乱を示した一端のように思えてなりません。

　本書は，それらのことばに正対し，少しでも子どもたちにかかわる側の混乱を収めるための一助となることを願って企画しました。執筆をお願いした方々には，コンパクトな記述で，学校現場で生じていそうな疑問に対する答えや考え方の方向性を示していただきました。1日のわずかなすき間の時間等に，手にとっていただければ幸いです。

　　　　　　　　　　　　　　　　　　青山　新吾

もくじ

まえがき

本書のねらい

Q1 インクルーシブ教育システムとは何ですか？特別支援教育とは違うのですか？ …9

Q2 医師の診断がないと特別支援教育は行えないのですか？ …12

Q3 特別な支援が必要な子どもと，躾が不十分な子どもの区別はできますか？ …15

Q4 自閉スペクトラム症といわれる子どもたちをどのように理解すればよいですか？ …18

Q5 自閉スペクトラム症といわれる子どもを叱ってはいけないのですか？ …21

Q6 発達障害って遺伝するのですか？治せますか？ …24

Q7 ディスレクシアって何ですか？ …27

Q8 個別の指導計画や個別の教育支援計画はどのように作成したり活用したりするのですか？ …30

Q9 子どもたちにはどこまで支援を続けるのですか？ …33

Q10 ケース会議などに時間を取らず，子どもへの支援方法だけを聞いて実践をすればよいのではありませんか？ …36

Q11 スケジュールボードを使用しての予定の提示や教室前方の掲示物等の撤去は，本当に意味があるのですか？ …39

Q12	授業のユニバーサルデザインとは何ですか？ …42
Q13	学年が上がると子どもの状態が悪くなった場合は，新しい学年の担任の責任なのですか？ …45
Q14	支援を要する子どもの保護者と話し合う時に留意したいことは何ですか？ …48
Q15	特別支援学級に異学年の児童，生徒が在籍していた場合，どのように授業を進めればいいのですか？ …51
Q16	特別支援学級の児童生徒には，テストは行わなくてもいいのですか？ …54
Q17	自立活動の授業は，何をすればいいのですか？ …57
Q18	「交流及び共同学習」とは何ですか？ …60
Q19	特別支援学級では何を教えるのですか？ …63
Q20	自閉症・情緒障害特別支援学級の授業は，どのようにすればよいのですか？ …66
Q21	就学指導委員会では何をするのですか？ …69
Q22	通級による指導とは何ですか？ …72
Q23	一般の保護者の理解を進めるためには，何をすればよいのですか？ …75

あとがき

特別支援教育Q&A

本書のねらい 安心して特別支援教育に取り組めるために

　学校教育法の一部改正による特別支援教育の法制化から7年が過ぎました。この間，学校教育において，個に応じた指導・支援の重要性は広く認識されるようになりました。また，特別支援教育コーディネーターの指名や校内委員会の設置，巡回相談等の活用や「個別の指導計画」等の作成といった，特別支援教育を進めていくための体制整備も進んでいます。授業のユニバーサルデザイン化に代表されるような，小・中学校の通常の学級における特別支援教育の視点を取り入れた学級づくり，授業づくりといった取組も拡がりをみせ，実践の積み重ねや議論の場も増えている印象があります。

　もちろん，知的障害特別支援学校や，自閉症・情緒障害特別支援学級の児童生徒数も増加の一途であり，特別な場における教育の充実も進んでいます。と同時に，先述のように，特別な場でだけではなく通常の学級における特別支援教育の取組も当たり前のようになされる，そのような時代を迎えたのだと感じます。

　しかし，特別支援教育と一口にいっても，その範囲はとても広く，そこで必要とされる知識や基本的な考え方も多岐にわたります。特別支援教育の創生期であれば，気楽に
　「○○ってなんのこと？」

などと周囲に聞きやすかったことも，時が流れ，特別支援教育が自然に行われるようになるにつれて「聞きにくく」なったという声を耳にするようになりました。それは，特に中堅，ベテランといわれる層の教員に起きているように思われます。

　また，よく耳にすることばであっても，人によってその理解の仕方や解釈にズレがある場合もあるようです。これは，教員のキャリアの如何にかかわらず生じることです。

　学校教育関係者以外の方が，特別支援教育にコミットされることも多くなりました。その際には，教育の世界で使用されることばが，何をどのように指すのかについて戸惑われることもあるように思われます。私が仕事上のおつきあいのある教員以外の専門職の方々，例えば心理職等の方々から，特別支援教育にかかわることばやシステム等について質問を受けることもあります。療育場面でのプログラムは，学校の教育課程で扱われている内容とどこが類似しているのかといった観点に立つと，よく分からないという事態が発生するのだと思います。

　そこで私は，小・中学校の先生方に「今さら聞きにくい，特別支援教育に関する質問」内容について意見を伺ってみました。キャリア，性別，専門領域ができるだけ異なる先生方からお話を伺った結果，多数の質問事項が浮かび上がってきました。それらを大きく整理すると，

・システムやその対象に関すること

> （インクルーシブ教育システムと特別支援教育の関連，就学相談等）
> ・分かりにくい障害別の特性に関すること
> 　（特に自閉スペクトラム症やディスレクシア）
> ・特別支援教育の運用に関すること
> 　（指導計画等の作成，ケース会議，保護者の理解促進等）
> ・特別支援学級に関すること
> 　（自立活動，授業の形態，交流及び協同学習等）

の観点が抽出できました。

　そこで，本書では，これらを23の問いにまとめ，それに対する基本的な考え方や知識，実践のヒント等を，特別支援教育に長年携わってきた教員や専門家にお答えいただくこととしました。もちろん，これらの問いは，明確な答を有している性質の問いもあれば，明確な答はなく，回答者自身の考え方が色濃く反映する性質の問いもあります。ページ数に限りがある中で，先ずはそれぞれの問いに対して基本的なことがらを押さえていくことに主眼をおいて編集しました。それぞれの回答によって，多くの先生方が，安心して特別支援教育に携わるきっかけになれば幸いです。そして，先生方がそれぞれ置かれたポジションで，子どもたち一人一人と向き合いながら，ていねいな教育実践を進めていくことに本書が役立つことを願っています。

特別支援教育Q&A

Q1 インクルーシブ教育システムとは何ですか？特別支援教育とは違うのですか？

1 インクルーシブ教育システムとは

　日本は，障害者の権利に関する条約に平成19年９月署名し，批准に向けた様々な検討を進めてきました。教育においても平成22年中央教育審議会初等中等教育分科会に「特別支援教育の在り方に関する特別委員会」を設置するなどして検討をしてきました。それらを踏まえ平成24年７月に分科会報告[(1)]がなされました。その中でインクルーシブ教育システムについて以下のように記述されています。

　障害者の権利に関する条約第24条によれば，「インクルーシブ教育システム」(inclusive education system, 署名時仮訳：包容する教育制度）とは，人間の多様性の尊重等の強化，障害者が精神的及び身体的な能力等を可能な最大限度まで発達させ，自由な社会に効果的に参加することを可能とするとの目的の下，障害のある者と障害のない者が共に学ぶ仕組みであり，障害のある者が「general education system」（署名時仮訳：教育制度一般）から排除されないこと，自己の生活する地域において初等中等教育の機会が与えられること，個人に必要な「合理的配慮」が提供される等が必要とされている。

インクルーシブ教育システムにおいては，同じ場で共に学ぶことを追求するとともに，個別の教育的ニーズのある幼児児童生徒に対して，自立と社会参加を見据えて，その時点で教育的ニーズに最も的確に応える指導を提供できる，多様で柔軟な仕組みを整備することが重要である。小・中学校における通常の学級，通級による指導，特別支援学級，特別支援学校といった，連続性のある「多様な学びの場」を用意しておくことが必要である。

2　インクルーシブ教育システムと特別支援教育

インクルーシブ教育システムと現在の特別支援教育との関係については，以下のように記述され，インクルーシブ教育システムと現在の特別支援教育は別のものではなく，インクルーシブ教育システム構築のために現在の特別支援教育の着実な推進が重要であるとされています。

特別支援教育は，共生社会の形成に向けて，インクルーシブ教育システム構築のために必要不可欠なものである。そのため，以下の①から③までの考え方に基づき，特別支援教育を発展させていくことが必要である。このような形で特別支援教育を推進していくことは，子ども一人一人の教育的ニーズを把握し，適切な指導及び必要な支援を行うものであり，この観点から教育を進めていくことにより，障害のある子どもにも，障害があることが周囲から認識されていないものの学習上又は生活上の困難のある子どもに

も，更にはすべての子どもにとっても，良い効果をもたらすことができるものと考えられる。

①障害のある子どもが，その能力や可能性を最大限に伸ばし，自立し社会参加することができるよう，医療，保健，福祉，労働等との連携を強化し，社会全体の様々な機能を活用して，十分な教育が受けられるよう，障害のある子どもの教育の充実を図ることが重要である。

②障害のある子どもが，地域社会の中で積極的に活動し，その一員として豊かに生きることができるよう，地域の同世代の子どもや人々の交流等を通して，地域での生活基盤を形成することが求められている。このため，可能な限り共に学ぶことができるよう配慮することが重要である。

③特別支援教育に関連して，障害者理解を推進することにより，周囲の人々が，障害のある人や子どもと共に学び合い生きる中で，公平性を確保しつつ社会の構成員としての基礎を作っていくことが重要である。次代を担う子どもに対し，学校において，これを率先して進めていくことは，インクルーシブな社会の構築につながる。

【参考文献】
(1) 中央教育審議会初等中等教育分科会：共生社会の形成に向けたインクルーシブ教育システム構築のための特別支援教育の推進（報告）
http://www.mext.go.jp/b_menu/shingi/chukyo/chukyo3/044/houkoku/1321667.htm

（久保山茂樹）

特別支援教育Q&A

Q2 医師の診断がないと特別支援教育は行えないのですか？

　特別支援教育が法的に位置づけられた平成19年4月，「特別支援教育の推進について（通知）」[1]という文部科学省初等中等教育局長通知が出され，特別支援教育の理念や推進のための仕組みについて示されました。冒頭の「1．特別支援教育の理念」には「幼児児童生徒一人一人の教育的ニーズを把握し，その持てる力を高め，生活や学習上の困難を改善又は克服するため，適切な指導及び必要な支援を行う」とあります。これは特別支援教育の実施にあたっては教育的ニーズの把握が重要であると述べたものです。

　また，「7．教育活動等を行う際の留意事項等」の「（1）障害種別と指導上の留意事項」には「障害のある幼児児童生徒への支援に当たっては，障害種別の判断も重要であるが，当該幼児児童生徒が示す困難に，より重点を置いた対応を心がけること。また，医師等による障害の診断がなされている場合でも，教師はその障害の特徴や対応を固定的にとらえることのないよう注意するとともに，その幼児児童生徒のニーズに合わせた指導や支援を検討すること」と記されています。この内容からは，特別支援教育において医師の診断は必須ではなく，各学校が教育的ニーズに適した指導や支援を行う事が重要であると読み取れます。

　さらに，この通知では，特別支援教育は特別な支援を必

要とする幼児児童生徒が在籍する全ての学校において実施されるものと述べられています。各学校では，このことを根拠に通常の学級に在籍する子どもも特別支援教育の対象として特別な支援をしてきました。

ここでもし，特別支援教育の対象を診断のある子どもに限定してしまうと，通常の学級に在籍する特別な支援が必要な子どもの多くが対象からはずれることとなり，その子たちには適切な支援がなされないことになってしまいます。

そうならないために，各学校においては，医師の診断の有無にかかわらず，在籍する子どもの教育的ニーズを的確に把握し必要な支援を行うための仕組みを作っておくことが重要です。

上記の通知には，「３．特別支援教育を行うための体制の整備及び必要な取組」として「実態把握」の項目を設けその重要性を述べています。また，実態把握をすすめる上で「特別支援教育に関する校内委員会」を設置したり，多様な角度から実態把握ができるよう「特別支援教育コーディネーターの指名」をして保護者を含めて校内外の連携を諮ったりする必要があることを述べています。さらに実態把握を「個別の教育支援計画」や「個別の指導計画」に反映し適切な支援を行うことの重要性を述べています。これらについては文部科学省が毎年調査[2]を行い，特別支援教育の体制整備状況を公表しています。各学校では，子どもの実態把握と的確な支援を行えるよう，特別支援教育の体制をより一層充実していくことが求められています。

各学校において特別支援教育の体制整備がなされているからと言って，医師による診断が不要であるということにはなりません。医師の診断からは単に診断名や障害名だけではなく，日常生活において注意すべき行動や状態の変化，体育等運動における注意事項，服薬の必要性と服薬時の注意事項などを得ることができます。また，それらを踏まえて子どもと接していかないと取り返しのつかない事態が起きることもあります。このように医師による診断は特別支援教育を行う上で極めて重要な情報であると言えます。

　ただ，医師の診断を受けることは本人・保護者にとって精神的な負担になることもあります。診断を勧める際には本人・保護者が無理をしないよう配慮することが重要です。

　以上から，各学校においては，教育の立場から子どもの実態把握を行い，教育的ニーズがあると考えられた場合はその時点から特別支援教育を行っていくことが大切だと考えられます。加えて，必要な場合には，医師による診断を受け，医学的な立場からの情報を得て，より適切な実態把握と支援の充実を目指すことが大切だと考えられます。

【参考文献】
(1)　文部科学省初等中等教育局長通知（19文科初第125号）：特別支援教育の推進について（通知）
http://www.mext.go.jp/b_menu/hakusho/nc/07050101.htm
(2)　文部科学省初等中等教育局特別支援教育課：平成24年度特別支援教育体制整備状況調査結果について（別紙1）
http://www.mext.go.jp/a_menu/shotou/tokubetu/material/1334899.htm

（久保山茂樹）

特別支援教育Q&A

Q3 特別な支援が必要な子どもと，躾が不十分な子どもの区別はできますか？

1 二択と多元

① 二者択一の思考

「10時53分は，『オハヨウ』ですか，『コンニチワ』ですか？」と尋ねてくる子どもがいました。

「ハイ，○○くん『おはよう』」と明るい声で返すと，ニコニコしていました。

「10時55分は，『コンニチワ』」と直後に言ってきますが，再び「ハイ，おはよう」と返すと，またニコニコしていました。

翌日も同じ質問をしてきますが，今度は「こんにちわ」と返すと，怪訝な表情をしながらも，またニコニコしていました。「何時何分からが『コンニチワ』ですか？」ばかりを言い出さないように，「それより，今やるべきことを，考えようよ」と指導したり，「そうだね，とりあえず『11時からコンニチワ』にしておこうか」と答えたりしました。

そんなやりとりをしているうちに，オハヨウとコンニチワの境目より，目の前のやるべきことに集中するようになっていきました。

二者択一でしか，物事を考えられないのは，けっこう不自由なものです。

「障害があるかどうか」「多動かどうか」
「特別支援教育の対象かどうか」
「躾ができていないからかどうか」

二者択一で、考えることなのでしょうか。

子どもにかかわる人は、「白黒つけようじゃないか」ということに関心を持つよりも、「今自分ができることを考える」ことの方が大切です。

ある子どもの状態を「○○のため」と、一つのことに原因を求めることが正しい理解とはいえません。むしろ、混在する様々な背景や特性や状況を総合的に把握することが大切です。

② 多元的な理解

いろいろな角度から総合的に子どもを理解することが、アセスメントです。

「アセスメント」というと、診断の有無と心理検査の結果だと考えている人がいますが、それだけではありません。

学習態度、つまずきの特徴、休み時間の過ごし方など学校で見られること、生育歴、生活習慣、家族関係など保護者から聞いて分かること、好きなスポーツ、嫌いな食べ物など本人の思いから分かることもあります。

何人かの複数の目で見ることも大切です。

アセスメントの目的は、指導支援のためであり、原因追及ではありません。

子どもの教育的ニーズをつかみ、その背景にあるものを解釈、分析するとともに、子ども自身にある資質や個性、

特性及び周りの資源（人，機能，機関，施設等）を発見していきます。

　子ども自身のことをより多面的に見るということは，友達関係，学校，家庭，地域といった横のつながりの視点，過去，現在，未来といった縦のつながりの視点で捉えることを大切にしているということです。

　障害特性からなのか，躾の問題からなのかではなく，多元的な理解のもとで，子どもに合った手立てを考えます。

2　これが教師の歩む道

　大人は，子どもの姿を見る時，「この歳になったらある程度はできていないといけないものがあるよね」と考えています。目の前にいる子どもが何かがうまくできないとすると，それをできるように働きかけることは間違いではありません。それが，子育てであり，教育でもあります。

　「あいさつをする」「服をたたんで片づける」「順番を守って並んで待つ」など，生活に必要な力や社会性を育むための躾が，不十分な家庭もあるでしょう。

　また，障害に起因するできにくさがあり，あいさつができなかったり，服を片づけられなかったり，順番が待てない場合もあるでしょう。

　子どもに障害があってもなくても，躾の課題があるにしても，常に適切な指導と必要な支援を心がけたいものです。

　　　　　　　　　　　　　　　　　　　　（吉田　英生）

特別支援教育Q&A

Q4 自閉スペクトラム症といわれる子どもたちをどのように理解すればよいですか？

1 発達障害と自閉スペクトラム症

① 発達障害がある子どもについて

発達障害とは，発達障害者支援法には「自閉症，アスペルガー症候群その他の広汎性発達障害，学習障害，注意欠陥多動性障害その他これに類する脳機能の障害であって，その症状が通常低年齢において発現するものとして政令で定めるもの」と定義されています。

発達障害がある子どもは，18歳までの発達期にある。ということは，脳の可塑性も高く，育つ可能性を秘めた成長の真っただ中の時期にいる「理解と支援を必要としている子ども」（上野一彦氏の言葉より）とも言えます。そう考えると実際に子どもを目の前にした時，定義や診断名だけから見ていた姿とは違った子どもが見えてきます。

② 自閉スペクトラム症について

「自閉スペクトラム症」は，診断名です。診断は，医師が行います。診断は，子どもの正しい理解や学習においての適切な指導と必要な支援につなげることが大切です。

「あの子はきっと自閉スペクトラム症だわ。あんなことをするのもしょうがないし，どうしようもないわ」と考えてしまうためではありません。子どもは，成長しますし，

育ちます。

「スペクトラム」は，自閉性の見られる子どもをその濃淡で連続的にとらえることです。特性が顕著にあり，医師の診断を受けている子どももいれば，診断は受けていませんが，特性が見られる子どももいます。

その特性として，社会性の障害，コミュニケーションの障害，想像力の障害などがあげられます。

社会性の障害は，人の気持ちが読めず，ルールを理解しにくいなどの苦手さにつながります。

コミュニケーションの障害は，比喩や冗談が分からず，字句通りに受け取ったり，一方的に話し続けたりすることにつながります。

想像力の障害により，特定のものへの強い興味や順番や位置へのこだわりを見せることがあります。

それ故，自閉スペクトラム症と言われる子どもは，周りの人とうまく付き合うことができず，叱られたり，失敗したりする経験を積むことにつながることも多く，自信を持てずに二次障害と考えられる不適応行動を見せることもしばしばあります。個人の特性は，持って生まれた特性と環境要因との相互作用でつくられていくと言われます。働きかけによって，子どもの状態は崩れやすくもありますが，回復する力も持っています。

自閉スペクトラム症の子どもに共通にある特性だけでなく，その子ども一人一人が持つ個性や人間性が見えなくなってはいけません。一人の子どもを理解するという視点を

基底に持ちながら,特性という理解をすすめるように努めるべきです。

病気のことは知っているけど,家庭での生活のことは知らないとか,子どもの問題行動頻度のデータはとるけど,母親がそのことをどう感じるかには無頓着であるとかいった感性では,良い教育はできません。

子どもを見る大人のまなざしに,障害特性から見る「特別に見る目」だけでなく,「特別に見ない目」が常に求められるのです。子どもの見せる姿や状態の「濃い」ところを「薄く」する手立てやかかわりを見つけたり,環境を整えることによって,不自由さや分かりにくさを軽減したりすることにこそ,力や知恵を注ぐべきです。

③ 子ども自身はどのように考えているのだろうか

「ボクは人の気持ちが分からないので,ボクが思うようにすればよいのです」「相手の話すことなど分からなくてけっこう」「好きなモノに囲まれてさえいれば社会とつながらなくても幸せ」と考えているのでしょうか？

私が出会った子どもは,「パニック状態になり暴れたが,後になったら,(あんなことにならなければよかった)と思っている」と例外なく話します。その本心を理解して付き合い,特性があることも含め,一人の「ふつう」の子どもとして理解してくれる他者が周囲にいれば,"自分はみんなと違うけど,人と過ごすことに楽しみもあり,幸せである"と考えて将来生きられるのではないでしょうか。

(吉田 英生)

特別支援教育Q&A

Q5 自閉スペクトラム症といわれる子どもを叱ってはいけないのですか?

1 叱るだけでなく

① 叱るとは

「『研修会で,自閉症の子どもは叱ってはいけない』と聞きました。それから子どもに何もできなくなりました」と話す先生に出会ったことがあります。

研修会では,きっと自閉スペクトラム症の特性などが伝えられ,指導や支援の方法も研修内容にあったに違いありません。しかし,「叱ってはいけない」の言葉の印象が強かったのでしょう。

「叱る」とは,「年下の者をとがめる」「声を荒くいましめる」と辞書に書いてあります。(「日本語大辞典」講談社)

例えば,子どもが教室で走り回り,友達にぶつかったり,物を壊そうとしたりしていたら,「何やってるの。ダメでしょう」と叱って止めさせます。

(そうだな。危なかったな。止めよう)と子どもが思えばよいのです。でも,「ダメ」と言われたことで,子どもがワーワー言い始め,暴れ出すようならば,叱り方,教え方を変えることが必要です。変わるのは,かかわる大人の方です。

② **注意する**

「注意（する）」は，「気をつけさせること。忠告すること」（同　前出辞典）。走り回る子どもに，「止まって！」「教室では歩きます」と言えば，今とるべき行動を具体的に知らせることができます。

「何してるの！」「許しません！」「ダメでしょう！」と感情をぶつけても，子どもは何も学べません。

③ **教え方について**

「やってみせ，言ってきかせて，やらせてみ，ほめてやらねば，人は動かじ」という言葉があります。

職員室のドアを開けるやいなや，先生のパソコンの画面に向かっていつも飛ぶように駆けだす子どもがいたとします。後から「コラ，ダメ」と叱ってもうまくいきません。

では，どうするのでしょうか。

ドアの所で走りだす前に声をかけ，「（い）パソコンを見たい人は，おはようのあいさつをする。（ろ）『パソコンを見てもよいですか』と尋ねる。（は）先生と一緒にパソコンまで歩く。」と教えます。

「先生がやってみるから，見ておくんだよ」と「やってみせ」，次に，「こう言うといいよ」と（いろは）について「言って聞かせて」，「君の番だよ」と「やらせてみ」，促した通りにできれば，「さすが，２年生。上手にできたね」とほめてやります。

「指導」とは，「正しいと信じる目的・方向に教え導くこと」（同　前出辞典）です。

人には目もくれず，パソコンに走る子どもであるより，あいさつをして，静かに歩く人に育てたいものです。

自閉スペクトラム症の子どもの中には，言葉の理解よりも視覚的な情報の方が入りやすい子どもも多くいます。

「やってみせ，言って聞かせて，見せてやり，やらせてみせて，ほめてやる」と，ひと手間増やすこともよいことです。見せるものは，絵，文字，記号など，その時々に応じて子どもに合ったものを工夫するとよいでしょう。

④ 子どもを育てるために

叱ってよいか，悪いかという「白黒」の選択ではありません。子どもに注意を促すために「○」か「×」を最初に使うことも，肯定の表現を使うように心がけることも必要です。叱り方は，目の前の子どもに伝わるかどうかから，大人も学ぶのです。

日本語には，一つの行動について多様な表現があります。「叱る」「たしなめる」「諫める」「注意する」などその微妙な違いを，言葉だけで伝えるのか，表情と共に伝えるのか，書いて伝えるのか，記号で伝えるのか。それは，子どもによっても，状況によっても違います。

障害がある子どもをどう育てるのか。親や教師は，どのような人間に育ってほしいと願っているのか。その願いが子どもに確かに伝わり，幸せになってほしいのです。

人とつながり，世の中に役立つことを喜びとする人間に育ってほしいと願い，希望を持って子どもを育てていく，それが大人の責任だと思います。　　　　　（吉田　英生）

特別支援教育Q&A

Q6 発達障害って遺伝するのですか？治せますか？

1 発達障害とは

発達障害とは，発達障害者支援法の第二条に以下のような定義が記されています。

> この法律において「発達障害」とは，自閉症，アスペルガー症候群その他の広汎性発達障害，学習障害，注意欠陥多動性障害その他これに類する脳機能障害であってその症状は通常低年齢において発現するものとして政令で定めるものをいう。

障害ごとの特徴が，それぞれ少しずつ重なり合っている場合も珍しくありません。また年齢や環境の違いによって，表に現れる症状が変わっていくことからも診断することが難しいのです。時期によって診断名が変わることもあります。

2 遺伝との関連

親の育て方に問題があって発達障害が起こるのだ，という誤った捉えられ方をされた時代がありました。親や家族がそのことで大変苦しい思いを強いられました。

現在では，発達障害の原因は，脳の成熟障害，または機

能障害であるとされています。だとすれば，発達障害は親からの遺伝によるものではないか，きょうだいも同じでは，といった極端な捉えられ方をされることに伴う悲劇が生じています。

近年，遺伝に関係する研究は，次世代シーケンサーによる遺伝情報の解読など，目覚ましい発展を遂げています。今後は臨床に生かされ，診断方法の開発や治療においても期待されるところです。

発達障害は，複数の関連遺伝子の関与と，胎児期の環境要因などとが複雑に絡み合って生じるものだとする「多因子疾患」であると考えられています。発達障害の症状は，グラデーションのように境界があいまいで一定していないと言われています。親の遺伝子や染色体の異常が遺伝によって受け継がれる場合があります。その一方で，親の正常な遺伝子や染色体が突然変異によって生じる場合もあります。

発達障害は遺伝するのか，という問いには，遺伝も一部ありますが，胎児期の環境要因など，遺伝がすべてではないと言えます。

3　発達障害は治るのか

発達障害と言っても，様相は実に千差万別です。近年，インターネットやテレビなどで「自閉症が治った」といった報告があったりします。真意のほどは分かりませんが，一般的な見解としましては，投薬や手術，食事療法などに

よって完治させることはできないものとして捉えられています。

　完治させることはできないのですが，適切な療育や保育，教育，専門家による指導・助言によって，発達を促進させ，行動を改善させていくことが可能です。問題行動として目立っていたものがやがては影をひそめるようになることもあります。

　同じ診断名を持つ子どもであっても，個性や発達状況，環境の違いによって子どもの姿は様々です。そこでその子どもに合った支援の方法を見つけていきます。その際○○障害だから○○の方法で，といったひとくくりにした捉え方に陥らないことです。○○さんってどんな人だろうか？から始まって，○○さんの良い面を見ていきながら，困っていることや苦手なこと，頑張って乗り越えてほしいことを整理しながら応援していきます。

（堅田　利明）

【参考文献】
堅田利明 著『特別支援を難しく考えないために―支援教育が子どもたちの心に浸透するように』（海風社，2011年）

特別支援教育Q&A

Q7 ディスレクシアって何ですか？

1 ディスレクシアの定義と様相

① ディスレクシアの定義

ディスレクシア（Dyslexia）は、「読み」に関する著しい困難を示す障がいであり、読字障がい（Reading Disorder）と同義で用いられます。現在では、読みに起因した書きの問題も含めるのが一般的です。知的・知覚的・運動的・社会的な能力に関する障がいは存在せず、また、養育環境にも問題が見られないにもかかわらず、読み書きの習得においてのみ困難を示します。ディスレクシアのある子どもや大人が、読んだり書いたりできないのは、本人の努力が足りないのではなく、中枢神経系の機能不全により、読字や書字に関して記憶することや想起することに著しい問題を抱えているからであり、適切な理解にもとづいた支援が必要です。

② ディスレクシアの実態

発症については、仮名文字を学習し始める小学校１年生から顕在化してきますが、それ以前においても自分の名前を頻繁に鏡文字で書いたり、絵本の文字に関心を示さないなどの兆候がみられます。日本語の場合、英語とは異なり、表音一致（音韻と文字の規則性が高い）の言語であり、そ

のことが、日本人の読み学習開始時の躓きを軽減していると説明されます。しかしながら、ある調査によると、ディスレクシア顕在化率は、音読では、平仮名1％・カタカナ2〜3％・漢字5〜6％、書字では、平仮名2％・カタカナ5％・漢字7〜9％と、文字の種類により顕在化の程度が異なります。また、英語学習開始時に、深刻な学習困難を引き起こすケースも多く、英語に特化した読み書きの問題を示す場合もあります。

　ディスレクシアのある子どもの特徴として、日本語の音読では、「特殊音節の誤り」「文字や行の読み飛ばし」「文字の置き換え」「類似の言葉との混同」などが見られます。書字では、「文字・漢字の書き順の混乱」「鏡文字」などが見られ、書字全般が不正確です。

③　周辺領域の障がい

　ディスレクシアを包括する概念として、LD（学習障がい：Learning Disorder）と読み書き困難があります。LDは、文部科学省の定義によると「知的発達の遅れは見られないが、特定の能力に著しい困難を示すもの」とされ、計算やその他教科の学習における困難さを含みます。読み書き困難は、困難さの対象がディスレクシアと共通しますが、教育現場では、中程度の困難さの場合（学業不振）もこれに含むため、ディスレクシアよりも、用いられ方が広範です。また、LDには、算数能力に限定した障がいとして、算数障がい（Mathematics Disorder）、書字能力に限定した障がいとして書字表出障がい（Disorder of

Written Expression) も含まれます。なお，言語に関する障がいのうち，吃音（Stuttering）や，発話の流暢性に問題が見られる表出性言語障がい(Expressive Language Disorder)は，医学的には，LDではなく，コミュニケーション障がいに分類されます。支援の方略もディスレクシアの場合と異なります。

2　支援の取り組み

①　取り組みの方針

　ディスレクシアのある子どもや大人の場合，一般に，言語に関する音声情報や視覚情報（文字等）を短期的に記憶したり処理したりする能力が低い傾向にあります。また，視力・聴力に問題はないものの，情報を認識する際のプロセスに問題を抱えている場合もあります。したがって，個人の認知的特性を把握した上で，学習段階を見通した個別支援計画を立て，それにもとづいた支援が求められます。

②　多様な支援の活用

　繰り返し読んだり書いたりするといった単一的な方略を強いるのは，一般に不向きです。教科書やノートの文字やマス目を大きくしたり，漢字学習用に部首と旁を区別して覚えていくためのワークシートを用意したりするなどして，教材を工夫します。また，学習すべきターゲットを明確にし，スモールステップで学習を進めたり，記憶方略を伝えていくなど，多様な支援の組み合わせが効果的です。

（湯澤　美紀）

特別支援教育Q&A

Q8 個別の指導計画や個別の教育支援計画はどのように作成したり活用したりするのですか？

1 「個別の教育支援計画」と「個別の指導計画」について

　障害のある児童生徒が一人一人の人生をよりよく生きるためには生涯に渡って何らかの継続した支援が必要となり，成長とともに支援する機関も人も変わっていきます。一人一人のニーズに対応した一貫した支援を効果的に継続して実施するためには，関係機関（保健，医療，福祉，教育，労働等）と障害の状態にかかわる情報を共有し，支援の内容や関係機関等の役割分担等について協議しながら個別の支援計画を作成することが大切になります。「個別の教育支援計画」とは，一人の子どもの生涯の中で教育の対象である時期に作成するものです。また，通常の小・中学校では全ての学校で一定の水準の指導ができるように，学習指導要領に基づいて各校で指導計画を立てて指導を進めています。一方，特別な教育的ニーズのある児童生徒については，各校における教育課程や指導計画を踏まえ，児童生徒一人一人の状態や課題等に応じたきめ細やかな指導が行えるように，より具体的に教育的ニーズに対応した各教科等の指導内容・方法について指導計画を作成します。これが「個別の指導計画」です。

2 どのような手順で誰が作成するのか

　各自治体，場合によっては学校園によって書式は様々で，記載項目や内容についても全国的に統一されたものはありません。しかし，特別支援教育の推進にともない文科省から出された「特別支援教育の推進について（通知）」の中に特別支援学校では「個別の指導計画」を活用した一層の指導の充実と小・中学校等においても必要に応じて「個別の指導計画」を作成し，指導を進めるようにとの通達があったり，現場からのニーズに応じたり等するために各自治体ごとに少しずつ，書式や記載項目，内容等についての検討が進んできています。

　「個別の教育支援計画」はその性質上，毎年新たに作成するものではありません。前年度の評価を生かして加筆・修正していくものです。一方「個別の指導計画」の作成は毎年行います。まずは，対象となる児童生徒の実態把握から始めます。実態把握は WISC-Ⅳ，K-ABC 等の標準化された検査の結果からと保護者からの聞き取り，前年度の資料，直接観察等から得られる情報をもとにし，実態把握ができたら，それらをもとに目標を決め，指導の方向性を定めていきます。そして指導方針を決めて，具体的な計画をたてます。計画ができたら日々の学校生活の中で実践をしていきます。実践を展開していくなかで日々の記録をとり，評価をしていきます。必要であれば年度途中でも目標や指導方針について加筆・修正をしていきます。年度末に

は次年度を見すえた課題も含めて総合評価をします。

　基本的には学級担任が中心となって作成しますが，担当者だけが困らないように，また，組織として児童生徒を支援できるように，コーディネーター，その他の教職員の複数の目で観察し，チームで作成するという意識が大切です。また，校内委員会の場を活用したり，保護者とともに作成したりする姿勢が大切です。

3　活用について

　多くの関係者が多くの時間を費やして作成しても実際に活用されていない，活用の仕方がわからないという声をよく聞きます。特別な教育的ニーズがある児童生徒については教師と保護者がチームで動くための共通認識を育むために連携が必要不可決です。連携するための一つとして保護者を交えたケース会があります。ケース会で指導の一貫性や根拠を説明したり，子どもを中心にした建設的な話，前向きな話をすすめていくためのツールとして，また，学校が組織として動き，担任だけが困らないようにするために校内委員会や職員会議等での資料として活用することも考えられます。「個別の教育支援計画」「個別の指導計画」ともに作成したら終わりではなく，特に「個別の指導計画」は日々の指導の計画のもととなるものです。計画→実践→反省→計画のサイクルを大切に，日々の授業にいかし授業改善につなげることで私たち自身の指導力向上にもつながるものだと考えます。　　　　　　　　　（三宅　美穂）

特別支援教育Q&A

Q9 子どもたちにはどこまで支援を続けるのですか？

　この問いには様々な答えが存在します。なぜなら，この問いに対する答えには障害，教育，発達など様々な観点があるからです。私は心理士であり，小・中学校を巡回して通常の学級にいる児童・生徒への支援・配慮を先生方と一緒に考える仕事をしていました。そのような私が考える「答え」をお話ししたいと思います。

1　支援を受けると必要な支援は減っていく

　持ち物をよくなくし，なくしたことすら気づかないＡさん。保護者，担任の先生と話し合い，まずは筆箱の管理について支援することに決めました。そこで，筆箱の鉛筆を入れる５つの箇所に１〜５番の番号シールをつけ，鉛筆５本にも１〜５番の番号シールをつけ，１番の箇所には１番の鉛筆を入れるというルールを作りました。夜，保護者はＡさんと一緒に筆箱に鉛筆がルール通りに入っていることを確認しました。下校時，担任の先生もＡさんと一緒にルール通り鉛筆が揃っていることを確認し，なければ一緒に探すことをして下さいました。支援前は，下校時，筆箱に鉛筆は１本も残っていませんでしたが，１週間ほどの支援で，下校時筆箱の中に３〜４本の鉛筆が残るまでになりました。筆箱の管理ほどうまくいきませんでしたが，学年が

あがるにつれ，Aさんは持ち物の管理が少しずつできるようになっていきました。

巡回相談では，思い通りにならないと癇癪を起こすBさんとの出会いもありました。負けて癇癪を起こすBさんを叱ることなく，担任の先生は「負けていやだったよね。でも，負けることもあるよね。気持ちが落ち着いたら席に着いてね。」などとBさんの気持ちを代弁し，気持ちが落ち着くのを待つ支援を続けました。担任の先生が代わっても，Bさんはその支援を受け続けることができました。3年後，Bさんが癇癪を起こす場面は減り，癇癪から立ち直るまでの時間も短くなっていました。

支援が必要な子どもたちは，苦手なことに対して最初はたくさんの支援が必要です。しかし，支援を受けることで苦手な面の成長は促され，少ない支援で出来るようになったり，「苦手な面を理解して見守る」という支援だけで十分になったりすることがあります。

2　支援が突然なくなると子どもは困る

幼稚園・保育園から小学校，小学校から中学校に入学する時，子どもの特性や受けてきた支援の情報が引き継がれないことがあります。その為，支援が途切れ新しい生活にスムーズに入れなかったという子どもたちとの出会いもありました。これらは，支援がまだ必要であるにもかかわらず，支援を突然打ち切られた問題を示していると捉えてきました。

支援の突然の打ち切りは，生活の中でも見られます。例えば，小学校入学当初，保護者の多くは学校の持ち物に忘れ物はないか手や目をかけますが，しばらくすると「小学生になったんだから」と子ども任せになります。支度にかかわる苦手さを持つ子どもにとって，そのような対応は支援の打ち切りに当たり，忘れ物をする日々に導きます。支援の突然の打ち切りは子どもを困らせるため，そうさせないための支援や手のかけ方が求められます。

3　成長に合わせた支援をしながら，つないでいく

　では，苦手さを持つ子どもに手厚い支援をするほどよいのでしょうか？　子どもに苦手な面があろうがなかろうが，自立した大人になるように導くことが，私たち大人の役割だと思っています。支援不足は自立への道を困難にしますが，過剰な支援も子どもの自立を阻む可能性があると思います。成長に合わせて支援内容を見直したり，「子どものレベルを見極めた上で支援を減らす」という支援をしたりすることが，自立に導く手厚い支援だと考えます。

　担任の先生による支援は，子どもの人生においては，1，2年の「点」のような支援にすぎません。しかし，その子に新たにかかわる人たちに目標，特性，支援が伝えられ，それを踏まえた支援が続けられた時，各々の「点」のような支援はつながり合い，その子の自立を目指した「線」のような支援になると思っています。　　　　　（太田　真紀）

特別支援教育Q&A

Q10 ケース会議などに時間を取らず，子どもへの支援方法だけを聞いて実践をすればよいのではありませんか？

　学校現場は多忙を極めています。教師は，日々，時間を惜しんで教材研究や打ち合わせ等に奔走しています。今回の質問は，そういった状況下でのお尋ねだと思います。

　例えば，教室で立ち歩いてしまう子どもを想定してみましょう。どんな支援方法が考えられますか。

　しかし，いきなり支援方法と言われても，すぐには思いつかないのではないでしょうか。なぜなら，支援方法を考えるには，「どうして立ち歩きが生じるのか」という背景にある要因を推測しておく必要があるからです。立ち歩きの場合には，例えば，次のような要因が考えられます。

A　気になる刺激があってそれに反応しているため
B　自分の苦手な学習から逃避するため
C　教師や友達に注目してもらうため　　　　　等

　もし，Aの場合なら，刺激となる物や音を排除していくという支援方法が考えられます。しかし，Bの場合は，その子の苦手としている学習の困難さを軽減していく必要があります。また，Cの場合は，日常生活の様々な場面を捉えて，その子に対する声かけや称揚を行うことで，注目欲求を満たしていくことが必要です。

　つまり，「立ち歩き」という現象は同じでも，背景にあ

る要因が異なると，支援方法が異なってくるということです。ですから，言動の背景にある要因を推測することなく，支援方法だけに目を向けて実践を行うと，思ったような効果が得られない場合があるわけです。

　そこで，効果的な支援を導き出すためには，次のようなプロセスで考えていくことが大切だと考えます。

---

①その子のことを知っている複数の教職員で情報を持ち寄り，その子の困難さの背景にある要因を推測する。
②その要因に基づいた支援方法について，できるだけ多くの支援アイデアを出す。
③それらの支援アイデアの中で，適時性，必要性，達成可能性を考慮して優先順位を決める。
④期間を限定しながら，複数の教職員で連携し，様々な場面で支援を継続していく。

　ポイントは，できる限り，子どもにとって，より適切で有効な支援を導き出していくことです。実際のケースにおいては，複数の要因が複合していたり，生育歴や家庭環境に影響を受けていたりするなど，要因が複雑で推測しづらい場合が多々あります。そのため，担任一人だけですべてを把握することは難しいと思われます。そこで，複数の視点を持ち寄り精度を高めていく場の設定が必要です。その場がケース会議です。ケース会議は支援方法を導き出すためだけではなく，複数の教員が，様々な支援場面で，適切にかかわることができる貴重な共通理解の場でもあります。

ところで,私は,このプロセスの中で,特に,困難さの背景にある要因を考える段階が難しいと感じています。先述した「立ち歩き」を例にとると,立ち歩きが特定の教科だけで起きているようなら,要因が「学習からの逃避（先述B）」の可能性がありますが,同じ教室で教科を問わず起きているようなら「刺激への反応（同A）」である可能性があります。また,明確に,ある時期を境に起き始めた場合には,家庭環境の変化（母が仕事に出始めた,弟妹が誕生した,など）に関連した「注目欲求（同C）」であると想像できそうです。つまり,困難さの背景を推測するには,様々な視点で考える必要があり,そのためにも,複数の教員で話し合う場が必要です。協議した内容はファイリングすることで,その子の貴重な支援記録の蓄積になり,それは,個別の指導計画や個別の教育支援計画に反映させることもできます。また,問題を一人で抱え込みがちな担任の精神的なサポートの場にもなります。

 フォーマルなケース会議だけでなく"廊下の立ち話"や放課後の教室での"井戸端ケース会議"も大切な話し合いの場です。様々な場で話し合いながら,子どもの有する困難さの背景に目を向けていきませんか。

（片岡　一公）

特別支援教育Q&A

Q11 スケジュールボードを使用しての予定の提示や教室前方の掲示物等の撤去は，本当に意味があるのですか？

1 支援の意味

特別な支援を必要とする子どもに対して，スケジュールボードを使用して予定を提示したり，教室前方の掲示物等を撤去したりすることは，広く知られる支援です。ある学校では，特別支援教育の視点を取り入れた授業づくりに力を入れており，その第一歩として，全学級揃って教室前方の掲示物を撤去したそうです。これらの支援は，基本的には有効な支援であり，意味があるものと考えています。

スケジュールボードによる予定の提示の目的は，活動への見通しを持たせることにあります。今何をし，次に何をすればいいか。そして，いつ終わるのか。特別な支援を必要とする子どもは，活動への見通しが持てなかった場合，情動が不安定になってしまうことがあります。活動内容を示したり，開始や終了時間を明確にしたりすることで，不安定な状態になることを未然に防ぐことができます。

また，教室前方の掲示物等の撤去は，不要な刺激を除去することを目的とします。授業とは無関係なものに気持ちが向いてしまうと，なかなか集中できなくなる子どもがいます。その場合，原因になりうる刺激を取り除くことで，子どもの集中を妨げない教室環境を作ることができます。

2 形骸化という問題

　前述の通り，これらの支援は基本的に有効であると考えています。問題は，これらの支援が形骸化していないか，という点にあります。

　先に，全学級で教室前方の掲示物を撤去した学校について触れました。全学級，という部分に違和感を感じないでしょうか。これでは「特別支援教育」＝「教室前方の掲示物を撤去すること」と主張しているように聞こえてしまいかねません。（もちろん，そうではないと信じたいが）

　一般に，特別支援教育とは「障害のある幼児児童生徒の自立や社会参加に向けた主体的な取組を支援するという視点に立ち，幼児児童生徒一人一人の教育的ニーズを把握し，その持てる力を高め，生活や学習上の困難を改善又は克服するため，適切な指導及び必要な支援を行うもの」（文部科学省）とされています。

　本来，特別な支援は「一人一人の教育的ニーズを把握」した上でなされるべきものです。「〇〇さんは，見通しが持てないと不安定になりがちだ。だから，スケジュールボードを…。」なら分かります。しかし，その検討を経ないまま，「スケジュールボードを導入する」「教室前方の掲示物等を撤去する」では，支援本来の意味を見失っているのではないでしょうか。今行っている支援は，学級の誰のため行っているのか。支援の形骸化を防ぐために，意識し続けることが大切だと考えています。

3 長期的な視野の必要性

 また，これらの支援は長期的な視野に立って行われているのか，という点について触れておきたいと思います。

 確かに，スケジュールボードや掲示物等の撤去といった支援により，学習や生活がスムーズになる子どもがいるでしょうか。それらの支援はいつまで行うのでしょうか。小学校6年間を通してでしょうか。それとも，義務教育の9年間でしょうか。それ以前には，そして，その後は……。

 特別支援教育は「障害のある幼児児童生徒の自立や社会参加に向けた主体的な取組を支援する」という視点に立って行われるものです。現在の支援は，将来の自立や社会参加に向けての1ステップにすぎません。最終的には，不要ならばスケジュールボードや掲示物の有無に関係なく行動できる子どもを育てなければならないと考えています。

 かつて，長く特別支援学級を担任されていた先輩は「パターンを作っては壊し，作っては壊す」ことの大切さを繰り返し語られていました。将来の自立や社会参加のためには，スケジュールボードや掲示物の撤去といった教室環境のパターンを作るだけではなく，不要ならばそれをあえて「壊す」作業が必要なのではないでしょうか。

 「0か100か」的な支援を見直し，個のニーズを把握した上で段階的な支援を積み重ねていく。この視点があってこそ，スケジュールボードや掲示物等の撤去といった支援は，本当の意味を持つと思います。　　　　　　　（土居　裕士）

特別支援教育Q&A

Q12 授業のユニバーサルデザインとは何ですか？

1　授業のユニバーサルデザインの定義

　高齢者や身体障害がある人にとっても使いやすい階段の手すり，視覚障害の人でもシャンプーやリンスの区別ができるようなボトルの突起，幼児や握力の弱い人でも使いやすいハサミなど，ユニバーサルデザイン（以下，「UD」とする）は建築や製品などの分野で広く研究対象とされてきました。UDを定義すれば，「身体的な特性や障害にかかわりなく，より多くの人々が共に利用しやすい製品・施設・サービス」と言うことができます。

　授業のUDについては，「発達障害の有無等にかかわらず，クラス内のより多くの子どもたちが理解しやすい授業を展開しようとする営み」と定義できます。通常学級に在籍する「支援を要する子ども」への対応は，その子だけでなく周りの子どもたちにとっても有効である，という認識が教育現場でも浸透してきています。

2　ユニバーサルデザインが教育現場で論じられる背景

　これまでの教育は，集団内の平均的な子どもたちにスポットを当てた授業を行い，これを「多くの子どもが分かるための授業」と見なす傾向がありました。ところが，その

ような授業では理解が進みにくい子どもがいたり，反対に簡単すぎて退屈に感じてしまう子どもがいたりして，結果的に多くの子どもが分かる授業にはなっていませんでした。

他方で，特別支援教育が制度化され，発達障害がある子どもの学び方のスタイルに着目し，その子に適した指導・支援を行うことの必要性が論じられるようになりました。しかし，通常学級の授業は40人一斉指導を前提としており，支援が必要な子どもだけに特化した支援を展開するには，人的・時間的な制約が大きい，という現状があります。

これらの教育的課題にもとづき，特別支援教育の視点を踏まえながら，今までの授業の見直しや改善を行うことが教育現場でも強く論じられるようになりました。

3　授業のユニバーサルデザインの対象

授業のUDは当初は，特別支援教育の専門家サイドからの提案でした。掲示物等の教室環境や，指示発問の際の配慮など，従前の障害児教育の中で取り上げられてきた方法を通常学級の教育にも適用しようという主張でした。

やがて，個々の子どもの学び方の違いを踏まえながら授業を進めていくことへの関心が高くなってきました。興味を引きつけるために教材を「視覚化」したり，言葉やイメージだけでは理解しにくい事柄を「動作化」したり，子どもたちの日常的な話題と「関連付け」したりすることで学習内容の理解を進めていこうとする取り組みが加わりました。従来の授業研究の多くが「教師の教えやすさ」の原理

原則を明らかにしようとしてきたのに対し、授業の UD 研究は「子どもの学びにくさ」から出発するという新しい視点をもたらしました。

　一方で、通常学級の授業は、各教科において指導すべき事項が学習指導要領に規定されています。各教科には、その教科固有の本質部分があり、学年の進行に従い、内容が系統立てられています。各教科の本質の理解を欠いたまま、特別支援教育サイドの論理だけで授業の UD が論じられることへの心配も論じられるようになりました。そこで近年では、「教科教育と特別支援教育の融合」を目指す授業の UD という考え方が一般的になりつつあります。

4　授業のユニバーサルデザインの「評価」に関する課題

　授業の UD が本当に多くの子どもたちの「分かりやすさ」や「学びやすさ」を支えるものであるのか、検証する試みを続けていく必要があります。対象児を決め、その子に適した支援を全体に向けて行うことが、クラス全体の学習の理解度・定着度にどのような変化をもたらしたのかを検証したり、授業後に達成感や満足度を子どもたちが評価する機会を設定したりといった方法が考えられます。

　また、UD は「より多くの子ども」には有効かもしれませんが、「全ての子どもたち」を対象とした万能薬にはなり得ません。「何をもって UD とするか」という根本的な問いを常に意識する必要があると言えます。

（川上　康則）

特別支援教育Q&A

Q13 学年が上がると子どもの状態が悪くなった場合は，新しい学年の担任の責任なのですか？

　前担任の先生はたくさんの配慮をなさり，支援を要する子が（と言うよりも，きっと全ての子が）とてもいい状況で進級・進学したものと思います。私は中学校教員です。小学校の先生のあたたかさに，いつも頭が下がります。

　しかし，担任が・クラスが・学校が…変わると，どうしてもうまくいかないことがあります。「トラブル」は成長の契機になるという側面もありますが，どうやらそういうことだけではなさそうです。

1　進学，転出入の場合～異学校間の連携

　人も環境も，あらゆるものが変わることによる生徒の負担は計り知れません。

　それを少しでも軽減し，スムーズに学校生活をスタートできるような配慮をするために，そしてその後の学校生活における見通しを持つためのアプローチを考える上でも，『引き継ぎ』はとても重要なものになります。生徒の状況はもとより，うまくいく場面・うまくいかない場面，学校の支援システムや学級のシステム，生徒本人や，保護者の思い・状況など多くの視点での引き継ぎになります。

　引き継ぎをしっかりしても，その全てが生かしてもらえない場合もあります。とりわけ，中学校は「指導」を得意

としてきました。「支援」の観点でアプローチすることは以前よりかなり増えてきましたが、それでも小学校くらい充実している学校はまだ少ないように思います。そのこともあって、スムーズにいかないと言うことも起こりえます。

　そのようなときは、「学校間のつながり」の深い機関に頼ることです。具体的には「特別支援学級の担当者のつながり」「校長先生・教頭先生のつながり」が挙げられます。

　特別支援学級の担当者は、中学校区はもとより市町村単位での連携をとても大切にしています。いろいろな情報交換が可能です。そのなかで、上手に伝えてもらうことがとても有効です。もし、特別支援学級の担当者が交流学級でその学級へ行くことがあれば、かなり有効です。

　ただ、どんなにすてきな先生であっても、交流学級の主体はその学級担任です。連携がとれても、うまくいかないことがあります。そのときは校長先生・教頭先生に相談することです。上手に伝えてくれます。あるつながりをどんどん使うことで、少しずつですが大きなうねりになっていきます。

2　進級の場合〜同学級における連携

　前担任も現担任も、同僚ということになります。よって、もう少し丁寧に進めなければなりません。

　学校生活を送るなかで、前担任としては「子どもの状態が悪くなった」こともちろんですが、「同じ危機感になれない」ことへの苦しみや、悩みも同じくらい強いもので

はないかと思います。

　つまり,「危機意識の共有」が大事になると思います。

　そのためには【意見を伝える】よりも【意思を引き出す】ことが重要です。

　とても悲しかったり,時には怒りの気持ちもあると思います。でも一度グッと押さえて,その子を中心とした様子をどんどん質問してみると,その先生がどんな危機感で,どんなことに悩んでいるのか（悩んでいないのか）などが分かります。

　同じ危機感であれば,混乱する場面や活躍する場面など具体的な情報をお伝えすることができます。

　そうでなければ,同じ危機意識の同僚を見つけることがまず第一です。このときも,もちろんまずは質問です。同じ危機意識なら,その同僚の方から意見がどんどん出てくるでしょう。

　もしかしたら,新担任も悩んでいるかもしれません。仮にそうでなくても,職場が新担任への批判だけをしたら,その矛先は必ず子どもに向いていきます。最悪の状況が生まれてしまいます。

　そのほかにも,管理職へ相談する（管理職は教室に入りやすい）,その学級内の子へアプローチするなど,いくつも方策はあります。ただ,どれも即効性はありません。

　心苦しいのですが,少し長めのスパンで取り組むしかないのです。でも,丁寧に進めることで必ず好転し,そしてそれは安定したものになっていきます。　　（平山　雅一）

特別支援教育Q&A

Q14 支援を要する子どもの保護者と話し合う時に留意したいことは何ですか？

1 話を進める順番は……

　学校から子どものことで何か家庭に伝えたいことやお願いしたいことがあるとき，一方的に学校側からの視点だけで話をしてしまっていないか気をつけるようにしています。

　例えば，話の内容が良いことであるなら，教師の方からどんどん話をすれば良いと思いますが，子どもの適切とは言えない態度や友達とのトラブルといったような，学校生活の中でうまくいかないこと（何とかしたいこと）等を伝えたり，家庭にも協力をお願いしたりする必要がある場合には，次に示す順番で話を進めるようにしています。

①子どもの良いところを伝える。
②今回話したい内容を「簡単に」伝える。
③家庭での子どもの様子や保護者の想いを「聴く」。
④学校での子どもの様子や担任の想いを伝える。
⑤子どもが安心して平和に学校生活が送れるための作戦を保護者と一緒に考える。または，提案する。
⑥学校と家庭で作戦を試してみた結果を次にいつ情報交換するかを決める。

　これは，支援を必要とする子どもの保護者と話をすると

きに限ったことではないと考えますが，③については，「支援を必要とする子ども」という点を意識しています。

①　子どもの良いところを伝える

子どもの良いところは必ずあるはずです。最初にそれを確認しておきたいと思います。

②　今回話したい内容を「簡単に」伝える

ここで教師が長く話して，「保護者に聞いてもらう」状態にならないよう気をつけ，次の③で示すように，まずは保護者の話を聴くことを大切にしたいと思っています。

③　家庭での子どもの様子や保護者の想いを「聴く」

学校で支援を必要とするということは，家庭での支援もきっとあるはずだと思います。それを学校で活かせることはないか，家庭で保護者はわが子の育てにくさを感じてはいないか，保護者が困っていることはないか，といったような視点でも話を聴くことを心がけています。

一般的に見ると，わが子に対して決して良いとは言えないかかわりがあったとしても，そうせざるを得なかった背景をまずは「聴く」ところから始めたいです。保護者の話を「聴かせていただく」ことで，「そんな風に考えておられたのか」「そんなことがあったんだ」「～かもしれない」等，見えてくることがたくさんあります。

聴いているうちに，この部分は学校と家庭で一緒に考えたいとか，これについてはこんな風に提案してみようとか，このことは私自身がこれから勉強していきたい……というように，考えが広がっていきます。

④ 学校での子どもの様子や教師の想いを伝える

　保護者の想いを受けて，改めて自分の目の前にいる子どもの様子を振り返りながら，なってほしい姿について教師の想いを伝えたいです。でも，この時，教師の独りよがりにならないよう気をつけたいと思っています。

⑤ 作戦を保護者と一緒に考える。または，提案する

　保護者の気持ちを大切にしながら，子どもが安心して学校生活が送れるための作戦を保護者と一緒に考えていきたいと思います。保護者の視点からも考え，決して，学校側の視点からだけで話を進めない。知らず知らずのうちに押し付けてしまっていないか気をつけたいと思います。

⑥ 情報交換するのをいつにするか決める

　試したことで，子どもがどんな風に変化したか密に情報交換しながら軌道修正していくことが大切だと感じます。

2　話し合いの前にしておくこと

　人間関係づくりが重要。これがベースにないと，何事もうまくいかなかった経験が私にはあります。人間関係があってこそ，子どもの成長につながる話になり，実際のプラスのかかわりになっていくのではないかと考えます。関係づくりの第一歩としてまず，話を聴く。保護者自身が，話をして「分かってもらえた」と感じたとき，信頼感が生まれると思います。そこからがスタートだと考えます。

　　　　　　　　　　　　　　　　　（杉山　陽子）

特別支援教育Q&A

Q15 特別支援学級に異学年の児童・生徒が在籍していた場合,どのように授業を進めればいいのですか?

1 「わたりの授業」をします

　自閉症・情緒障害特別支援学級の教育内容は,児童の実態に合わせて,大きく「通常の教育課程＋自立活動」と「下学年の教育内容＋自立活動」の二つのパターンが考えられます。それをもとに,各児童の時間割が組まれています。

　在籍児童に同学年の児童がいたり,ある時間だけ見れば時間割の教科が同じになったりする場合もありますが,児童それぞれに合った学習内容や進度を考えるので,児童の数だけの授業内容が同じ時間に行われることになります。ですから,「わたりの授業」をせざるを得ないのです。

2 「わたりの授業」は,このようにしています

---

① **授業内容の軽重をつける**
　・グループ(ペア)学習を取り入れる
　・一人学習を取り入れる
　・教師がかかわって学習を進める
② **準備運動を取り入れる**

---

① 授業内容の軽重をつける

　4種類の授業を同時に進める場合，教師は約11分ずつかかわって進めるということになりますが，そんな機械的な授業ができるわけはありません。

　その時間のそれぞれの学習内容を見比べ，教師がしっかりかかわって学習を進める場合と，グループ学習や一人学習で進められる場合を見極め，内容と必要な時間を予測し，できるだけ無駄な時間（児童が何もしないでただ待っている時間）が起こらないように，それぞれの学習の流れを組み合わせて考えます。（時間の構造化）

　一人学習では，黙読や意味調べ，漢字練習，文作り，計算練習などを取り入れて，理解の定着を図るようにしています。

　グループ学習は，音読（交互読み，読み聞かせと感想），ドリルの答え合わせなど，一人でもできる学習を，敢えてお互いがかかわることで，自分の考えを伝えたり説明したりする力を，また相手の話をよく聞き，質問したり一緒に考えたりする力をつけたいと考えて，それぞれのかかわりを仕組むようにしています。

　教師が主にかかわって学習を進めるのは，「文章の内容理解」や算数の「問題解決の内容」など，児童の苦手な学習内容や児童にじっくり取り組ませたい内容，いろいろな支援が必要な場合が多いと思います。

　学習内容や児童の状態によっては，児童の机を移動させたり，パーテーションを使って教室をしきったりすること

があります。また、グループ学習をする児童には、相談や読み聞かせがしやすいように大テーブルを使うようにしています。大きく黒板を使う場合もあれば、児童が「近くでよく見える」と言う移動黒板を使ったりする場合もあります。（場の構造化）

　また、児童に学習の流れを知らせておくことも必要です。私は、小さいホワイトボードに1時間の学習の流れを記入し、児童の見やすい場所に置いて、児童がいつでも自分で学習内容を確認できるようにしています。

　教師が主にかかわる集中した学習や、「自分たちでできてますね。」「がんばってるね。」と声をかけチェックをしながら進めるグループ学習や一人学習を効果的に仕組んで、毎日の「わたりの授業」を進めています。

② 準備運動を取り入れる

　児童の気持ちがスムーズに学習に切り替わるように、国語の時間の始めの5～8分で、「言葉をつなげて」という活動を行っています。これは、ある言葉の意味やイメージ・発音などから次の言葉を連想していく言葉のゲームです。異学年の児童が居るので知っている言葉に幅ができ、質問や説明を加えながら楽しく活動しています。

　「語彙を増やす・大事なことを落とさないで聞く・話題に沿って話し合う」という国語科の目標と、「人間関係の形成・コミュニケーション力の育成・心理的な安定」といった自立活動の目標をもって、進めています。

（武藤　由紀恵）

特別支援教育Q&A

Q16 特別支援学級の児童生徒には、テストは行わなくてもいいのですか？

1 教育課程に対応して

　初めて特別支援学級の担当になると、いろんなことが心配になるものと思います。テストを含む評価の問題は、中でも、大きな心配事項でしょう。

　そもそも特別支援学校では、幼小中高に準ずる教育を行うとともに、「自立活動」という特別の指導領域が設けられています。また、子どもの障害の状態等に応じた弾力的な教育課程の編成が可能になっています。さらに知的障害に関しては、その障害の特徴や学習上の特性などを踏まえて、独自の教科及びその目標や内容が示されています。特別支援学級は、基本的には、小中の学習指導要領に沿って教育が行われますが、子どもの実態に応じて、上記に示したような特別支援学校の学習指導要領を参考として教育課程の編成が可能です。また、通級による指導は、通常の学級の教育課程に加え、又はその一部に替えた特別の教育課程を編成することができるようになっています。

　長々と書きましたが、つまり、特別支援学級の児童生徒にも、子どもの実態に応じた教育課程が当然編成されます。各教科領域に応じて、学習の内容が示され、達成規準が示されます。したがって学習内容が十分に達成されているか

どうかを確認し，評価することは，当然のことです。

2 テストの実施についての基本的な考え方

それでは，特別支援学級においてテストを実施するかどうか……。テストにもいわゆるペーパーテストやパフォーマンス評価，面接試験などなどいろいろな形態のものがあります。ここでは，いわゆる定期テストのようなペーパーテストを想定しているものとして書き進めていきます。

それではまず結論めいたことを書けば，当たり前のことですが，子ども個々の障害の特性，状況によって，通常学級と同じテストを行う場合もあります。ただ，特別支援学級在籍の子どもたちは，個々の課題に合わせて教育課程が編成されているでしょう。したがって，通常学級と違う形でテストが行われるのが普通です。あるいはテストとは違う方法で計測・評価する場合も多いでしょう。

3 基本的には個別に対応していくしかない……

私は中学校の通常学級の教師です。以前に私の学級を交流学級としている自閉症・情緒学級在籍の生徒（Bくんとしておこう）は，テストは五教科のうち社会と数学の二教科のみ，親学級と同じ形で受けていました。障害特性上教科・領域においては，通常学級の生徒以上の成績を取る半面，全く取り組めない教科もあります。しかし，本人の得意教科への関心はなみなみならぬものがあります。そこで，学校生活全般への意欲づけも含めて，得意教科のみを，通

常学級の生徒と一緒に受けることにしました。

　また中2から中3に進級する際に言語学級に通常学級から在籍代えとなった生徒が，普通科全日制の地元高校進学を希望するケースもありました。この場合はやや特殊ですが，一部個別支援を取り入れながら，原則全ての教科を親学級で受け，成績も通常学級生徒と同じ形でつけました。

　他方，車いすで生活し，発語も不明瞭で知的な障害もある生徒については，一切通常学級でのテスト実施はなしにしました。また，支援学級で在籍生徒に独自のテストを行ったこともあります。同じような障害特性を持ち，一緒に学習を続けている生徒同士なら，学習の内容と進度に応じたテストを支援学級で実施することも可能です。

4　子ども個々の条件に応じて考える

　以上のように，私自身の経験したものを紹介するだけでも実に様々です。

　私自身は経験がありませんが，ディスレクシアの生徒について，教師が個室で問題文を読み上げて介助するという例を聴いたことがあります。また，パフォーマンス評価を評価方法の中心に据えることもあります。

　テストの中身も形式も実施の要領も，障害の状況に応じて千差万別です。全ては子ども個々の条件に応じて，丁寧に検討され決定されていくべきです。

（石川　　晋）

特別支援教育Q&A

Q17 自立活動の授業は，何をすればいいのですか？

1 自立活動とは

　自立活動とは，児童生徒の様々な障害に基づく困難や発達の偏りについてアプローチすることと言えます。

　内容には「健康の保持」「心理的な安定」「人間関係の形成」「環境の把握」「身体の動き」「コミュニケーション」の6区分があり，その基に様々な項目があります。それらを相互に関連付けて具体的な指導内容を設定します。

2 知ること，かかわること

　大切なことは，今行っている活動は何のためにしているのか，それが将来のどこに結びつくのかということが分かっていることです。ビーズ通しをしている児童を見た保護者に「私の子どもは，どうしてビーズ通しをしているのですか？」と聞かれた場合，「なぜならば〜」と，その理由を説明できなければならないということです。さらに，今後の見通しも説明する必要があるでしょう。

　本人のことをよく分かっていなければ，適切なかかわりをすることはできないし，保護者への説明もできません。どれだけ本人のことを分かろうとするかが，どれだけ適切なかかわりができるかの決め手といえます。

本人を知る方法としては，日々の行動観察によるものと標準化された検査によるものがあります。行動観察には，何ができて何ができないのか，いつ，どんな状況なら問題を起こすのか，起こさないのか，どのように援助すればつまずかないのか，と言った周囲とのかかわりや環境との関連で行動を見ることも大切です。もちろん，その基礎になるのはかかわる大人と本人との良好な関係性です。これらの情報は，ちょっとしたかかわり方の工夫や本人が手掛かりとして利用しやすいもの，本人に合った教材や環境の調整の仕方などのきっかけを見つけるための資料になるでしょう。

3　指導の形態

　指導の形態には，自立活動の時間に行う指導と教育活動全体を通して行う指導があります。

　時間における指導は，自立活動の担当者を中心に，個々の児童生徒の課題に応じた指導を行います。例えば，肢体不自由であれば，姿勢づくり，歩行訓練等々，知的障害であれば，時間や空間概念の形成，コミュニケーション等々，個々の障害の状態に応じて様々な指導がなされています。

　教育活動全般を通して行う指導では，例えば，Aさんの課題が「おねがいします」という要求の言語を使うことだとします。休み時間に好きな玩具で遊ぼうとする時に「おねがいします」と先生に言ってから玩具を出してもらうようにするのは，日常生活の指導の中での自立活動です。

また，美術の時間に色鉛筆で絵を描く場面を例にとってみます。気が散りやすいBさんは目と手の協応が課題で，紙に描かれた線に沿って色鉛筆の先を見ながら動かすことが課題だとすると，美術の時間であっても，ついたてを置いて余計な刺激が入らないようにし，線に沿って色鉛筆を動かす場面は自立活動の指導ということになります。

4　留意点

　自立活動の目標や内容に沿った活動を意識して行う時，それは自立活動の指導ということになります。留意点としては，本人が興味を持って主体的に取り組めること，できているところに注目して伸ばすようにすることです。また，本人にとってすることが分かる環境づくりは最低限必要なことです。

5　まとめ

　自立活動の授業で大切なことは，一人一人異なる本人の障害からくる困難を知ることです。その上で，自立活動の内容を参考にして優先順位を決め，どの場面でどのような指導を行うか決めます。その場面はこちらも意識して指導を行うことになるでしょう。これが自立活動の授業になるのです。

（成沢　真介）

特別支援教育Q&A

Q18 「交流及び共同学習」とは何ですか？

　平成16年６月の障害者基本法改正の際，第14条（教育）に第３項(注)「国及び地方公共団体は，障害のある児童及び生徒と障害のない児童及び生徒との交流及び共同学習を積極的に進めることによって，その相互理解を促進しなければならない」が追加されました。「交流及び共同学習」という名称は，この時に初めて登場しました。障害のある子どもとない子どもとが共に学ぶ教育活動は，「交流教育」や「交流学習」等の名称で以前から行われてきましたが，法律改正以降「交流教育」や「交流学習」等の名称は，「交流及び共同学習」に置き換えられるようになりました。

　障害者基本法の改正後に改訂された現行の学習指導要領でも「交流及び共同学習」という名称が用いられています。例えば，小学校の学習指導要領総則には「第４の２(12)学校がその目的を達成するため（中略），障害のある幼児児童生徒との交流及び共同学習や高齢者などとの交流の機会を設けること」とあります（中学校や高等学校にも同様の記述）。幼稚園教育要領には「交流及び共同学習」の名称はありませんが，「障害のある幼児との活動を共にする機会を積極的に設けるよう配慮すること」と記されています。

　また，特別支援学校小学部・中学部学習指導要領総則には「第２節第４の１（６）学校がその目的を達成するため

(中略)特に,児童又は生徒の経験を広めて積極的な態度を養い,社会性や豊かな人間性をはぐくむために,学校の教育活動全体を通じて,小学校の児童又は中学校の生徒などと交流及び共同学習を計画的,組織的に行うとともに,地域の人々などと活動を共にする機会を積極的に設けること」と記されています(幼稚部教育要領,高等部学習指導要領にも同内容の記述)。

このように「交流及び共同学習」は全ての学校においてなされるべき教育活動であると言えるでしょう。

「交流及び共同学習」について,「交流」と「共同学習」に分けて捉え,それぞれについて活動を設定するという考え方が見られます。しかし,文部科学省[1]は「障害のある子どもと障害のない子どもが一緒に参加する活動は,相互のふれ合いを通じて豊かな人間性をはぐくむことを目的とする交流の側面と,教科等のねらいの達成を目的とする共同学習の側面があるものと考えられます。『交流及び共同学習』とは,このように両方の側面が一体としてあることをより明確に表したものです。また,この二つの側面は分かちがたいものとして捉え,推進していく必要があります」と述べています。つまり「交流及び共同学習」という一つの語として一体的に捉えることが基本であると言えます。このことから「交流と共同学習」とか「交流・共同学習」というような表記の仕方は適切ではないと考えられます。

「交流及び共同学習」には,小・中学校で特別支援学級の子どもと通常の学級の子どもとが行うもの,特別支援学

校の児童生徒と小・中学校等の児童生徒とが行うものなど様々な形態があります。このうち，特別支援学校と幼稚園，小・中学校や高校とが学校単位で行うものを「学校間交流」や「学校間における交流及び共同学習」と呼んでいます。また，特別支援学校に在籍する子どもが居住する地域の小・中学校等において行うものを「居住地校交流」や「居住地における交流及び共同学習」と呼んでいます。

いずれの形態においても，「交流及び共同学習」は，それぞれの子どもが在籍する学校の授業に位置づけられるものです。したがって，それぞれの学校において教育課程上の位置づけや指導目標などを明確して実施することと，適切な評価を行うことが重要です。

「交流及び共同学習」の実施には，打合せ等の事前準備や当日の環境設定や授業，事後の評価や振り返りなど多くの労力と時間を要します。「交流及び共同学習」によって子どもたちは，同年代の子どもたちと出会いの経験をし，新たな学習経験を得ることができます。特に，幼稚園，小・中学校や高等学校の子どもたちにとって，障害のある子どもや障害のある子どもに対する適切な環境整備や配慮を知る機会となります。こうした経験は共生社会を共に作っていく上で極めて重要であると言えます。（久保山茂樹）

（注）　平成23年8月の改訂で，第16条第3項となった。

【参考文献】
(1)　文部科学省：交流及び共同学習ガイド
http://www.mext.go.jp/a_menu/shotou/tokubetu/010/001.htm

特別支援教育Q&A

Q19 特別支援学級では何を教えるのですか？

　特別支援学級。

　小・中学校に設置することができる，少人数での学習形態が中心となる学級です。「なかよし」といった人と人とのつながりを示すことばであったり「たんぽぽ」「ひまわり」等の植物の名前であったりの俗称で呼ばれ，親しまれている場合も多いようです。設置は，障害種別が原則であり，知的障害特別支援学級や自閉症・情緒障害特別支援学級等の特別支援学級を目にすることが多いと思われます。

　法的には，学校教育法第81条第2項の規定により設置が可能になっています。また，その対象障害種もここに規定があります。また，今回のご質問にある，特別支援学級では何を教えるのか？　に関連する規定もあります。同じく学校教育法第140条に，特別支援学級では，必要に応じて特別な教育課程を編成できることが示されています。特別支援学校学習指導要領には，特別支援学級において，必要に応じて特別支援学校の学習指導要領を参考とすることができる旨が示されています。これらを整理すると，

・特別支援学級は障害種別に設置されるのが原則であること。
・特別支援学級では，児童生徒の実態に応じて特別な教

> 育課程を編成できること。
> ・特別な教育課程を編成する際には，必要に応じて特別支援学校の学習指導要領を参考にできること。

がポイントになると言えます。

　ここで示されている中で，特別支援学校の学習指導要領を参考にするとは，具体的にはどういうことなのでしょうか？　大きく捉えると，それは以下のポイントによると考えられます。

> ・視覚障害，聴覚障害，肢体不自由，病弱・身体虚弱の４障害については，各教科や領域の指導において，各障害種の特性に応じた配慮を行うこと。
> ・知的障害については，知的障害に応じた各教科の内容が段階で示されていること（学年ごとの教科内容の配列ではないこと）。また，教科や領域を合わせた指導形態（生活単元学習や作業学習等が代表的）が示されていること。
> ・障害による学習上又は生活上の困難の軽減・克服を目指した「自立活動」という領域が設置されていること。

　これらを参考にして，特別支援学級に在籍している児童・生徒の実態に応じて取り入れていくことができるようになっているわけです。

　しかし，ここまで考えると，特別支援学級の教育の基本は，あくまで小・中学校の教育であることが改めて分かり

ます。特別支援学校の学習指導要領を参考にすることができるのであり、基本は小・中学校の教育なのです。

　国立特別支援教育総合研究所が実施した特別支援学級の研究等を参考にして、特別支援学級の教育内容について整理すると

> （1）通常の学級の教育内容　＋　自立活動
> （2）下学年の教育内容　＋　自立活動
> （3）知的障害特別支援学校の各教科　＋　自立活動

に大別できると考えられます。もちろん、この整理は、教科ごとに異なることもあり得るでしょう。例えば、社会や体育については（1）の考え方で指導するが、国語や算数（数学）については（2）の考え方で、下学年相当の内容を扱うのが適切な場合等が考えられます。

　誤解を恐れずに書けば、特別支援学級の教育は、我が国の義務教育制度の中でも非常に自由度が高いと思えるのです。しかし、それは、なんでも自由に指導してよい訳ではなく、先述した原理に基づいての自由度の高さだと言えると思います。同時に、特別支援学級では、通常の教育内容に追いつくために指導しているのではなく、その児童生徒の実態と将来の自立や社会参加に向けた長期的な視野での指導が求められているのです。

（青山　新吾）

特別支援教育Q&A

Q20 自閉症・情緒障害特別支援学級の授業は，どのようにすればよいのですか？

　自閉症・情緒障害特別支援学級には，知的に遅れのない児童生徒も入級していることから，教科指導では小中学校の教育課程にそって学年相当の学習内容や下学年の学習内容を扱うことが多いと思われます。さらに，児童生徒の障害や発達に応じて特別支援学校学習指導要領を参考にした教育課程を取り入れ，児童の実態に応じて障害による学習上又は生活上の困難の改善・克服を目的とした指導の領域である「自立活動」の指導を取り入れていくことができるとされています。自立活動の授業時数は，児童生徒の障害の状態に応じて適切に定めることとされていますが，授業の総時間数は，各学年において定められているため，自立活動の授業時数分，他の教科等の授業時数を削減することになります。

　自閉症・情緒障害特別支援学級に在籍している子どもたちは，得意なことや苦手なことに極端な差があります。特に自閉症の障害特性として，対人関係・コミュニケーション・想像力などで苦手さが見られる場合が多いので以下のような点に配慮しています。

① 個への配慮

　まず大切なことは，コミュニケーションの苦手さがある子どもたちとの授業だということです。困った場面に遭遇

したときに，できないことを「できない。」「分からない。」と言えず本心とは違う「できます。」「分かります。」と言ってしまう子，困っていることが分からず，じっとフリーズしてしまう子，やっとの思いで「分かりません。」とだけ言える子，と表出の仕方はそれぞれ違ってきます。その場合，それぞれの子どもに応じた声かけや，かかわりが必要になり行う支援は同じではなくなります。

　学習の速度も同学年であっても違います。集中できる時間もそれぞれ違います。必要に応じて下学年の内容を指導したり基礎的・基本的な内容だけを指導したりすることもあります。問題数や難易度などを個に応じて変え，目標が達成できればしっかり認めていくことが大切です。子どもたちの「得意な学び方」を見つけ支援をし，丁寧にかかわることができるようになると子どもたちとの関係も築け，教科指導の様々な指示も通りやすくなってきます。

　② 見通しを持たせる配慮

　授業で，「次は何を行う」，「いつまで続く」，「終わったら次に何が始まる」など，活動の見通しが持てず不安になってしまう子も多くいます。するべきことと，その手順が分かると真面目に取り組むことができる場合も多いので学習の流れをパターン化して分かるように示すと，自力で落ち着いて取り組めることも増えてきます。

　体育のゲームでは，ルールの理解に時間がかかることもあります。また，理科の実験や家庭科の実習などでは不安を感じる場合もあります。あらかじめ手順の説明をしたり，

手順表を準備したりすると交流及び共同学習の場でも安心して取り組めます。

③ 視覚化の工夫

　計算はすらすらできるのに，文章問題となると，問題場面の状況がイメージできず，立式できなかったり，応用問題には解決の方法が見出せずに取り組めなかったりする場合もあります。また，国語の長文では，登場人物の行動の裏付けとなる気持ちをイメージできにくかったり，文のつながりが捉えにくかったりすることがあります。つまり，見えるものは分かるけれど見えない部分はイメージできにくいのです。

　そのため，できるだけ具体物・場面絵や図で表してどのように解決していけばよいのか見通しを持てるようにしたり，挿絵をつなげて話の流れを捉えやすくしたりすることが必要になります。教科書のページをめくるたびに文章が途切れて書いてあることが分からなくなってしまう場合もあるので，ページをつなげて一枚にして，話の全体を見通して読めるようにする工夫をすることもあります。

　また，読むことそのものに抵抗がある場合もあるので，その際には，文章を短く区切りながら組み立てを考えさせることもあります。

　大切なことは，子どもたち一人一人が安心して落ち着いて学習に取り組み，「分かった。」「できた。」達成感・成就感を味わっているかということを振り返り，次に生かしていくことです。
　　　　　　　　　　　　　　　　　　　　（月本　直美）

特別支援教育Q&A

Q21 就学指導委員会では何をするのですか？

　ある市における就学相談は，次のような過程で進められます。

①教育委員会の就学相談の担当者が，就学等をめぐる保護者の思いや不安をよく聞きます。その上で，就学相談の進め方，就学後の支援等に関する場やシステム，支援の内容等に関する情報提供を十分に行います。必要に応じて，支援の場の参観等も行います。

②就学指導委員会の調査員が一人一人の子どもについて，調査を行います。保護者の了解を得た上で，発達等に関する検査，行動観察，保護者や関係者からの聞き取り等により，家庭での様子，保育園や幼稚園など所属する集団の場における様子を把握します。

③就学指導委員会が開かれます。まず，調査員が上記の調査をもとに，保護者や本人の思い（この場で，改めて保護者が意見表明を行う自治体もある。），所属する集団での様子と，そこでかかわる職員の配慮や支援，これらに関連する諸検査等の結果を報告します。療育や個別の相談の関係者から経過等が補足されます。これらに対して，医療や心理，特別支援学校等教育の専門家から質問や意見が出されます。その子どもにとって，学校生活が充実し，安心して過ごすために，また，将来の自立に向けて

能力や個性を伸ばしていくためにという観点から，話し合いが進められ，一定の見解をまとめていきます。

④就学相談の担当者は，就学指導委員会の意見を踏まえて，再度，保護者等と就学先やそこでの支援や配慮について相談を行います。（注：特別支援学校へ就学する場合には，県教育委員会へ通知されます。）

⑤相談の結果，就学先が決まり，教育委員会から保護者に通知されます。保護者の了解を得た上で，就学先に申し送りが行われます。

必要に応じて，小学校から中学校への進学時を含め，就学後の状況の変化を踏まえた上で，何らかの形で相談を継続したり，再度，就学指導委員会の意見を聞き，支援内容の調整や支援の場の変更を行ったりしています。

平成19年度に特別支援教育が始まり，特別支援学校だけではなく，特別支援学級や通級による指導を利用する児童生徒も増加しており，就学相談を経て，これらの場の利用が決められていくことが多くなっています。

就学する前年度の10月1日になると，市町村教育委員会に，就学予定者の学齢簿が作成されます。この学齢簿に基づき，就学前の健康診断が行われるとともに，障害によって特別な教育的支援が必要な場合には，適切な就学に向けて就学相談が進められ，就学先が決定されることになっています。この決定にあたっては，保護者や専門家の意見を聞くことが求められています。この専門家に該当するものとして，全都道府県及び，約99％の市町村に何らかの審議

機関が設置されており（近年になり廃止し，新たなシステムを構築している自治体もみられる），その大半が「就学指導委員会」「（心身）障害児就学指導委員会」等の名称となっています。（以下，就学指導委員会）

就学指導委員会は，県や市の規則等に基づき設置されています。障害のある児童生徒の適切な就学指導を行うことなどを目的として，委員構成や機能等，審議会の回数等については，自治体により異なります。複数の自治体間で共同設置している場合（約13％）もあります。構成員は，教育，医療，福祉等の専門家から構成されていることが多く，就学に関する調査や審議が行われています。

平成25年9月の学校教育法施行令の一部改正において，障害のある児童生徒等の就学に関する手続きに関して，市町村教育委員会には，学校教育法施行令第22条の3に規定する程度の場合，個々の児童生徒について総合的な観点から就学先を決定すること，保護者や専門家の意見聴取の機会を就学時だけでなく進学時等にも拡大することなどが求められました。「就学指導委員会」は，今後，単に就学先を決定するだけではなく，早期からの教育相談・支援や就学後の一貫した支援について助言を行っていく機能が求められるようになり，「教育支援委員会」（仮称）等の名称が適当との提言もなされています。

（堀　彰人）

＊文中の数値は，文部科学省平成21年度調査による。

特別支援教育Q&A

Q22 通級による指導とは何ですか？

1 通級による指導の制度的位置づけ

① 通級による指導とは

平成5年に正式に始まった通級による指導とは，小・中学校の通常の学級に在籍している軽度の障害のある児童生徒に対して，主として各教科等の指導を通常の学級で行いながら，障害に応じた特別の指導を特別の指導の場で行う指導形態です。（学校教育法施行規則第140条及び第141条）

② 対象児童生徒及び指導時間数

通級による指導の対象となるのは，学校教育法施行規則第140条の各号のいずれかに該当する児童生徒（特別支援学級の児童及び生徒を除く）であり，言語障害者，自閉症者，情緒障害者，弱視者，難聴者，学習障害者，注意欠陥多動性障害者，その他障害のある者で特別の教育課程による教育を行うことが適当なものとされています。

指導時間数については，自立活動及び教科指導の補充を併せて，年間35単位時間（週1単位時間，LD及びADHDの場合は年間10単位）から年間280単位時間（週8単位時間）までが標準として示されています。

③ 通級による指導の現状と課題

通級による指導の制度化以降，通級児童生徒数は増加の

一途にあり,通級指導を望んでも受けられない子どもが多く残されていることや,通級指導教室を増やすため施設や専門的教員の充実を図るとともに,保護者や関係機関などに対して通級の正しい理解を広げていくことが必要です。

2 言語障害通級指導教室(ことばの教室)の実際

現在,ことばの教室の担当者をしている立場で通級指導教室の現状や担当者としての思いを簡単に紹介します。

① 通級児の実態

本教室では,市内小学校の通常学級に在籍する,ことばに関して気になる児童の相談や指導を行っています。構音障害,吃音,言語発達遅滞など,言語・コミュニケーションについて気になる児童の相談や指導を行っています。

② 指導内容

指導に当たっては,本人の得意な力を生かし,興味関心のある活動を取り入れたり,学びやすい教材や働きかけを工夫したりするようにしています。

構音指導では,耳での弁別練習や発声発語器官の機能訓練を行いながら,単音節から単語,短文,会話へとステップアップできるように指導を行っています。吃音のある子への指導では,児童が吃音についての知識を学び,症状にとらわれず,ことばによる表現を豊かにしていくための支援を行っています。言語発達遅滞では,心身共に全体的な発達を促しながら,ことばで気持ちを表現したり,場に応じたことばでやりとりしたりできるように活動を行ってい

ます。
③ 在籍学級担任として配慮していただきたいこと

　特別な場である通級指導教室に行くことが特別にならないように，対象児の特性の理解と個別の支援，在籍学級児童への理解・啓発が大切です。通級指導教室，学級，家庭，関係諸機関などが密につながることで，より適切な支援が可能となり，子ども本来の良さを引き出すことができます。つまり，対象児の周囲の環境を整えることが何より重要なのです。

④ 通級指導教室が果たしている役割

　子どもたちの症状や状態は様々ですが，子どもの中には困難を抱え，中には失敗を繰り返し，その子が本来持っている良さが出せなくなっているなど，自己肯定感が低い子がいます。

　担当者として，子どもの自己肯定感を高め，本来持っている良さを発揮できるようにすることを大切にしています。そして，「教師と子ども」という関係を越えたつながりを大切にし，その子をまるごと受け止めることで，子どもは前向きに考えられるようになると感じています。

　また，保護者の悩みをしっかり聞いて，安心感を与えることも大切です。ことばの課題といってもすぐに解決できるとは限りません。通級指導教室が親子の大切な居場所，そして，様々な困難を抱えている子どもやその周囲の方々のための相談センター的な役割として，存在していく意義は大変大きいものと考えます。　　　　　（石本　純浩）

特別支援教育Q&A

Q23 一般の保護者の理解を進めるためには,何をすればよいのですか？

　研究室の電話がなりました。ある小学校からの相談です。校内に,発達障害と思われる児童が多数おり,その子どもたちと周囲の子どもたちとのトラブルが頻発している。両者の保護者間でのトラブルにもつながる場合があり,大変指導に苦慮している。そこで,全ての保護者を対象に講演会を企画したいといった内容でした。

　誠実な学校の姿勢が垣間見える気がしました。しかし,全ての保護者に「発達障害についての研修」を行うという「戦略」については,もう少し吟味したいと考えました。発達障害に関する知識が増せば,そこには何が起きるのでしょうか？

　ルールを守れない子どもや,急に怒り出してトラブルになる子どもたちがいます。その子どもたちの行動の背景要因に発達障害の特性を想定しているのだと思います。その背景要因を多くの保護者と共有することで,トラブルの原因が明確になります。そうすることによって,保護者同士のトラブルが回避されやすくなる……といった仮説があるように思われました。

　果たして本当にそのようになるのでしょうか？
　「障害があったら何をしてもよいのか？」
　子どもの言動を障害特性から説明することによって,こ

のような声が聞こえてくるような場合はないのでしょうか。

　私が，多くの保護者の方々と共有したいと考えるのは，以下の事柄です。

> ・いろいろな子どもたちがおり，その背景にはいろいろな理由が存在すること。
> ・「育てにくさ」を有する子どもたちを育ててきた保護者にはそれぞれ苦労，努力，思いがあること。
> ・「育て方」のコツをつかむことは大切なこと。
> ・一人で考えても解決しないことでも「応援団」ができることで，一緒に考えてもらえること。
> ・「相談」しながら進むのが大切なこと。

　ある講演会で，私は次のようなお話をしました。

　「保護者の方々とお話すると，友達との関係が上手くいかない我が子について，小さい頃，しっかり抱いてあげたか？　とか，幼児期に友達と遊ばせたか？　などと質問されたというエピソードを伺うことがよくあります。これらが，子どもの発達において重要なことであるのは分かります。でも，そのようなことを意識しなかった親もいるでしょうが，当然意識していたが，やりたくてもできなかった場合もあるのです。接触過敏がきつくて抱きたくても抱けなかった場合もあれば，お友達と遊ばせたかったけれど，うまく遊べなくて仲間に入れなかった場合もあるのです。」

　いろいろな子どもがいるのです。そして，その背景には理由があります。その理由はもちろん様々なのです。

また別の視点からも語りました。

「障害のある子どもに,『きょうだい』がいることもあります。私のゼミ生が『きょうだい研究』に取り組んでおりました。きょうだい同士の語り合いを通しての研究でした。語り合いの中には,いじめ,からかいを受けたエピソードがありました。その時,友達が助けてくれたり,一緒に怒ってくれたりしたことが語られました。子どもたちは,つながりあって生活し,学んでいるのです。また,障害のある子どもだけではなく,その『きょうだい』もまた,いろいろな思いを抱いて生活しています。」

保護者には様々な思いがあります。いや,「きょうだい」を含む,その家族にはそれぞれに様々な思いがあります。

一般の保護者の理解を進めるためには何をすればよいのか？　が本稿の問いでした。私は,多くの方々が,日常,考えたこともない,知ることもない事実に触れることが重要だと考えます。その際,単に知識だけを知るのではなく,そこに登場する人たちの思いも含めて触れることが必要なのです。家族には各々固有の「家族の物語」があります。その「家族の物語」を知ろうとすると共に,教員や必要に応じた専門家と「相談」しながら応援団を増やし,保護者同士が一緒に進んでいける雰囲気を作り出せるような取り組みが求められているのです。

（青山　新吾）

あ と が き

　特別支援教育といえば発達障害。ADHDなどの障害名とその特色を学ぶのが研修の中心といった時もあったように思います。また，特別支援教育といえば，ユニバーサルデザイン的な授業。いつの間にか，障害名ではなくて，個々の子どものことでもなくて，「誰でも分かりやすい」といったフレーズが研修内容として扱われる時代になりました。しかし，特別支援教育といっても，その内容は幅広いのです。

　そこで，職員会議等の際に出てきた特別支援教育にかかわる専門用語に，「どういう意味だったかな…？」と迷われた時に，軽く手に取っていただける1冊を目指しました。また，保護者とお話している最中に耳にしたことばに，「あれ？　本当にそのような意味だったかな…？」と思われた時の1冊としてもお手元に置いていただければと思います。

　よく耳にするけれど，実際の意味が曖昧。でも，誰に聞いたらよいのやら，今さら尋ねるのも…といった日常の場面での1冊として活用いただければ幸いです。もちろん，それぞれの問いに対する細かな知識や解説は，専門書や通知文書の原点に当たっていただきたく思います。

　なお，本書の完成には，明治図書の及川誠氏，斉藤三津男氏に大変お世話になりました。感謝申し上げます。

　研究室にて　妹尾美穂「KI-RA-RI」を聴きながら

　　　　　　　　　　　　　　　　　　　　青山　新吾

【執筆者一覧】

青山　新吾	ノートルダム清心女子大学	Q19,　Q23
久保山茂樹	国立特別支援教育総合研究所	Q1～2,　Q18
吉田　英生	岡山県津山市立北小学校副校長	Q3～5
堅田　利明	大阪市立総合医療センター	Q6
湯澤　美紀	ノートルダム清心女子大学	Q7
三宅　美穂	岡山県立岡山西支援学校	Q8
太田　真紀	東京都公立小学校スクールカウンセラー	Q9
片岡　一公	岡山県総合教育センター指導主事	Q10
土居　裕士	岡山県岡山市立蛍明小学校	Q11
川上　康則	東京都立青山特別支援学校	Q12
平山　雅一	北海道砂川市立砂川中学校	Q13
杉山　陽子	岡山県瀬戸内市立今城小学校	Q14
武藤由紀恵	岡山県玉野市立宇野小学校	Q15
石川　晋	北海道上士幌町立上士幌中学校	Q16
成沢　真介	岡山県立東備支援学校	Q17
月本　直美	岡山県高梁市立成羽小学校	Q20
堀　彰人	千葉県八千代市立勝田台南小学校	Q21
石本　純浩	岡山県新見市立思誠小学校	Q22

【編者紹介】

青山　新吾（あおやま　しんご）

1966年，兵庫県生まれ。
1989年より，小学校勤務を経て岡山県教育庁勤務。
現在，ノートルダム清心女子大学講師。
学校心理士・臨床発達心理士。

【著書】

『自閉症の子どもへのコミュニケーション指導』
『特別支援教育を創る！』
『吃音のある子どもたちへの指導』
『個別の指導における子どもとの関係づくり』
『青山新吾─エピソードで語る教師力の極意』
『THE 特別支援教育〜通常の学級編〜』以上，明治図書
『明日の教室 DVD シリーズ第20弾　僕が自閉語を学ぶわけ』
（有限会社 kaya）など，著書・編著多数。

今さら聞けない！　特別支援教育Q＆A

2015年1月初版第1刷刊 ©編 者	青　山　新　吾
発行者	藤　原　久　雄
発行所	明治図書出版株式会社

http://www.meijitosho.co.jp

（企画）及川　誠（校正）及川　誠・斉藤三津男

〒114-0023　東京都北区滝野川7-46-1
振替00160-5-151318　電話03(5907)6704
ご注文窓口　電話03(5907)6668

＊検印省略　　　　組版所　株式会社カシヨ

本書の無断コピーは，著作権・出版権にふれます。ご注意ください。

Printed in Japan　　　　　　　ISBN978-4-18-164812-1